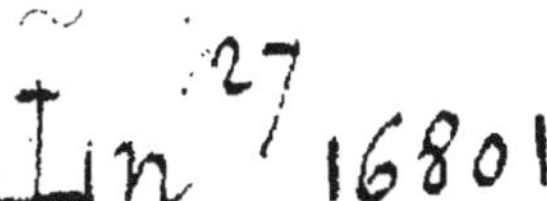

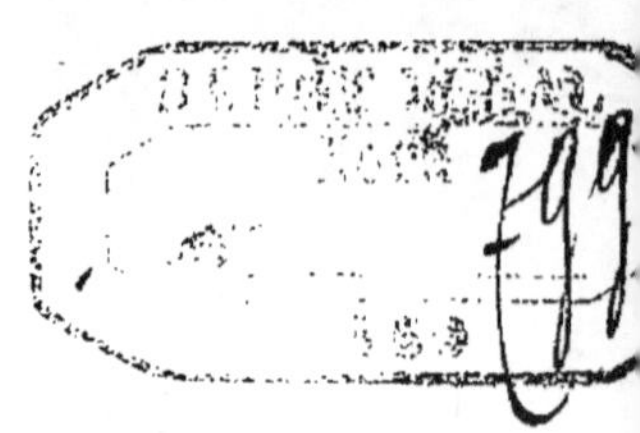

MGR DE QUÉLEN

MONSEIGNEUR DE QUÉLEN

MONSEIGNEUR

DE QUÉLEN

ARCHEVÊQUE DE PARIS

PAR L'AUTEUR DE LA VIE DE Mme DE MÉJANÈS.

LILLE

L. LEFORT, IMPRIMEUR-LIBRAIRE

MDCCCLX

Reproduction et traduction réservées.

1860

PRÉFACE

Les âmes d'élite, qui ont reçu le don d'éclairer les hommes en les rendant meilleurs, ne bornent pas leur action à leur rapide passage en ce monde. Non-seulement elles continuent à exercer dans le ciel une bienfaisante influence au profit de ceux qu'elles ont laissés sur la terre, mais leur histoire est encore une lumière et un encouragement : elle nous montre la route à suivre et les moyens à prendre pour pratiquer les vertus de notre état, marcher sur les traces de nos glorieux ancêtres dans la

foi, et conquérir, comme eux, la couronne
de la bienheureuse immortalité.

Ces considérations générales s'appliquent
merveilleusement à la vie de Mgr Hyacinthe
Louis de Quélen. Les exemples de foi, de
pardon des injures, de charité, de patience
dans la persécution, d'énergie dans l'accomplissement du devoir, y sont pour ainsi
dire *prodigués*. Tous sont appelés à profiter de ces grands enseignements, et chacun
doit les accueillir avec une pieuse reconnaissance.

MGR DE QUÉLEN

CHAPITRE PREMIER

Naissance, éducation, études, ordination et sacre
de Mgr de Quélen.

Hyacinthe Louis, comte de Quélen, archevêque de
Paris, pair de France, membre de l'Académie française, commandeur de l'ordre du Saint-Esprit, est né
à Paris le 8 octobre 1778. Il appartenait à l'une des
plus nobles familles de la Bretagne. Ses ancêtres s'é-
taient illustrés par des services rendus dans l'Eglise,
dans la magistrature et surtout dans l'armée : mais
nul ne justifia mieux que lui le titre de gentilhomme [1].

[1] Gentilhomme, *gentis homo;* homme de la nation, il en défend
les intérêts, se consacre à son service et l'honore par ses vertus.

Il donna plus que sa vie pour le salut de son peuple,
puisqu'il porta le dévouement jusqu'à supporter, avec
une héroïque constance, un long martyre d'injures,
d'outrages, de calomnies et de persécutions.

Hyacinthe fut baptisé à Saint-Roch, le lendemain
de sa naissance ; c'était le jour où se célébrait la fête
du premier évêque de Paris. Le patronage de saint
Denys fut une précieuse bénédiction pour cette belle
âme ; il attira des grâces signalées sur toute la suite
de sa carrière apostolique.

Confié de bonne heure aux maîtres habiles du col-
lége de Navarre, le jeune de Quélen y fit ses premières
études ; il ne tarda pas à manifester son attrait pour
le service des autels. Doué d'une sagesse prématurée,
il pratiquait avec une courageuse fidélité les préceptes
de la religion, et son zèle précoce pour annoncer la
parole de Dieu lui avait attiré le surnom de *prédicateur*. Un jour d'abstinence, ses camarades avaient
commis la faute de manger des aliments gras. Après
le repas, ils l'invitèrent, en plaisantant, à prononcer
un sermon. L'enfant était à peine âgé de huit ans ; il
avait fait maigre, et il n'hésita pas à prendre la parole. Il monte sur une chaise, se tourne vers l'auditoire enjoué, le domine par son maintien déjà im-
posant, improvise une petite allocution, la prononce
avec un accent empreint d'une certaine gravité, et
reproche avec chaleur l'infraction qu'on vient de se
permettre contre les lois de l'Eglise. On ne s'attendait pas à pareille leçon ; elle troubla plus d'une
conscience, et tous se promirent de ne plus scanda-
liser à l'avenir celui qui enseignait si bien à observer
les préceptes de la religion.

Cette foi courageuse, dans un âge encore si tendre, fait assez pressentir quelle préparation il voulut apporter à la table sainte la première fois qu'il eut le bonheur de communier. La ferveur de ce grand jour laissa dans son cœur une impression ineffaçable. Toute sa vie, ce doux souvenir l'émotionnait. Il conservait avec un soin religieux l'image qui le lui rappelait, et il aimait à la regarder souvent. Après la révolution de 1830, au pillage de l'archevêché, cette image fut jetée dans la cour du palais, confondue avec une foule d'autres papiers importants. On la croyait déchirée, brûlée, ou perdue sans espoir de la retrouver jamais. Mais un officier de la garde nationale l'avait ramassée, et, en rentrant chez lui, il s'était hâté de la confier à sa femme, pieuse paroissienne de Saint-Merry. Le curé fut bientôt prévenu, et on n'attendit plus qu'une occasion favorable pour faire parvenir à l'archevêque la précieuse gravure. On profita de la confirmation, donnée en l'église de Bonne-Nouvelle, pour ménager à Sa Grandeur cette gracieuse surprise. Après la cérémonie religieuse, elle accepta l'hospitalité du presbytère. Là on sut amener adroitement la conversation sur les joies de la première communion; on rappela le jour et les circonstances de celle de Monseigneur, et on lui représenta l'image qu'il avait tant regrettée! A cette vue, il versa des larmes d'attendrissement, et rendit grâces à Dieu. Il offrit son portrait, en signe de gratitude, à la personne chrétienne qui lui avait procuré cette consolation.

Hyacinthe de Quélen reçut à douze ans la tonsure cléricale; c'était en 1790, déjà on commençait à persécuter le clergé, et ce premier pas vers le sacerdoce ne constituait pas un engagement irrévocable. L'orage révolutionnaire ne tarda pas à éclater. Les églises, dépouillées de leurs ornements, fermées ou profanées, les prêtres forcés de choisir entre l'exil, la mort ou la vie des catacombes, les vertus des fidèles trop souvent punies comme des crimes, telle était la perspective offerte à l'avenir du jeune abbé ; mais il avait placé trop haut ses espérances pour se laisser ébranler par les difficultés ou les périls de la terre. La Providence lui avait fait la grâce de goûter de bonne heure le charme secret attaché à la réalisation d'une entreprise difficile qui a pour but de procurer la gloire de Dieu ! Il persévéra dans sa vocation avec l'énergie et la loyauté de cette race bretonne dont il devait devenir un des types les plus vénérés.

Rentré au sein de sa famille, il partageait son temps entre la prière, de fortes études, les devoirs de la piété filiale et l'exercice de la charité. Sa pieuse mère allait visiter les confesseurs de la foi jetés dans les prisons, et surtout les saints prêtres détenus dans l'église des Carmes. Il aimait à l'accompagner ; chaque visite réchauffait sa volonté et fortifiait son courage. En contemplant les grands modèles placés sous ses yeux, il se demandait, selon la pensée de saint Augustin, s'il ne pourrait pas un jour faire comme eux ; et une voix intérieure lui répondait qu'il aurait grâce pour les suivre et les imiter.

Cependant onze de ses proches parents sont montés sur l'échafaud ; son père et sa mère, chassés par la proscription, sont obligés de quitter Paris : ils se retirent à Versailles, leur maison y devient le refuge des prêtres persécutés ; ils les recueillent chez eux, les traitent avec un affectueux respect, et se dévouent à leurs personnes au risque de la vie, renouvelant ainsi les périls et les mérites consignés dans l'histoire des premiers siècles de l'Eglise.

Les ministres du sanctuaire témoignaient leur reconnaissance en donnant au jeune de Quélen leurs conseils et leurs leçons; l'un d'eux, M. l'abbé de Sambucy, eut une grande part dans la direction de ses études littéraires et théologiques. Devenu archevêque de Paris, l'abbé de Quélen conserva la mémoire du cœur, ce noble attribut des âmes élevées. Il n'oubliait aucun service, et il se plaisait à exprimer sa gratitude pour les moindres preuves d'affection. Un jour il présidait, au petit séminaire de Saint-Nicolas, les exercices de la retraite ecclésiastique; on venait d'entendre un sermon sur les devoirs des anciens élèves envers les maîtres de leur jeunesse; tout le clergé était réuni dans la cour pour la récréation. Tout à coup Monseigneur aperçoit M. de Sambucy, se dirige vers lui, l'embrasse tendrement, le remercie avec effusion, et témoigne ainsi combien il lui est doux de mettre en pratique les conseils donnés par le prédicateur.

La Providence disposait toutes choses pour faire de M. de Quélen un prêtre accompli. Ni les grands exemples ni les excellentes leçons ne manquaient à sa jeunesse. Celles de l'éminent abbé Emery ne lui firent pas défaut. Elles lui furent données à l'époque où elles pouvaient exercer sur sa direction la plus salutaire influence; c'était au temps où le calme renaissant permettait l'exercice public du saint ministère. M. Emery venait de rétablir le séminaire de Saint-Sulpice, et on rencontrait en sa personne un si heureux assemblage de qualités douces et fortes, une simplicité si sereine, unie à tant de sagacité et d'ascendant, qu'après une longue conférence Napoléon Ier avait pu dire de lui [1] : « Voilà la première fois que je rencontre un homme doué d'un véritable pouvoir sur les hommes, et auquel je ne demande aucun compte de l'usage qu'il en fera. Loin de là, je voudrais pouvoir lui confier toute notre jeunesse ; je mourrais plus rassuré sur l'avenir. » La perspicacité de l'abbé Emery devina bien vite l'avenir du jeune de Quélen. De bonne heure il le signala comme une des plus chères espérances du clergé de France, et il fit connaître, à plusieurs reprises, que ce jeune homme serait un grand prélat dans l'Eglise de Dieu. Mais il aimait trop son élève et le préparait trop soigneusement à ses hautes destinées pour lui révéler son intime pressentiment. L'abbé de Quélen se complaisait dans les œuvres humbles et petites aux yeux du monde. Il ne désira jamais les honneurs ; et s'il les accepta, ce fut toujours pour accomplir la volonté du Seigneur ; car il semblait avoir adopté la devise de saint François de Sales : *Ne rien demander, ne rien refuser.* Il remplissait avec zèle les modestes fonctions de catéchiste à Saint-Sulpice, complétait ses études de théologie, et n'osait recevoir le sacerdoce, retenu par la crainte de n'être pas encore assez bien préparé à exercer ce ministère, redoutable aux anges eux-mêmes. Ses directeurs finirent par triompher de ses scrupules ; et le 14 mars 1807, il fut ordonné prêtre par Mgr de Caffarelli, évêque de Saint-Brieuc, prélat vénéré,

---

[1] Discours de M. le comte Molé le jour de sa réception à l'Académie française.

dont l'évêché comprenait le berceau et rappelait plus spécialement les souvenirs historiques de la maison de Quélen.

Nommé chanoine honoraire de ce diocèse, il fut bientôt chargé d'aller en défendre les intérêts à Paris : il justifia sa première distinction ecclésiastique par un zèle et une habileté qui obtinrent le succès de sa mission et lui valurent le titre de vicaire - général. L'année suivante (1808) l'abbé Emery, très-désireux de voir le cardinal Fesch entouré de prêtres distingués, lui signala les vertus et le mérite de l'abbé de Quélen et lui inspira la pensée de l'attacher à sa personne. Le cardinal était l'oncle de l'empereur Napoléon Ier, il pouvait beaucoup pour le bien de l'Eglise. M. de Quélen entra dans les vues de son ancien supérieur, accepta des fonctions qu'il conserva pendant trois années, et se servit de sa naissante influence pour étendre le règne de Jésus-Christ.

Sa charité bien connue lui attirait grand nombre de sollicitations, et il y avait déjà tant de grâce dans ses réponses qu'elle doublait le prix de ses aumônes. Un jour, un prêtre vint lui recommander un pauvre honteux naguère dans l'aisance; on promettait à ce malheureux père de famille un emploi chez un banquier, et pour le présenter avec chance de réussite, il fallait renouveler tous ses vêtements; mais l'abbé de Quélen avait épuisé toutes ses ressources.... Un refus lui coûtait : il s'en attristait, quand il aperçut dans sa chambre une cuvette et un pot à eau en argent qui lui avaient été offerts par la reconnaissance. Aussitôt le sort de ce précieux souvenir est décidé; il est envoyé à un orfèvre qui en donne trois cents francs, et une famille estimable échappe aux angoisses de l'indigence.

En 1811, le cardinal, resté fidèle au Saint-Siége, tomba dans la disgrâce de son neveu et dut se retirer à Lyon. Il voulait empêcher l'abbé de Quélen de l'accompagner dans ce diocèse, mais il fut vaincu par les instances du jeune prêtre et bénit un dévouement que l'adversité rendait plus méritoire et plus cher. Toutefois, pour ne pas sacrifier à sa consolation personnelle les intérêts de la religion, il ne tarda pas à donner à son cher coopérateur l'ordre formel de retourner à Paris, où il le croyait appelé à exercer son zèle avec un plus grand profit pour la gloire de Dieu. Rentré dans la capitale, M. de Quélen y devint le mandataire actif du cardinal pour toutes les affaires de son diocèse; il présidait en outre les fêtes des catéchismes, confessait beaucoup, excellait dans le ministère de la direction des âmes, et se faisait remarquer par l'éloquence de sa parole.

Vers cette époque, l'empereur, irrité de la résistance de Pie VII, qui était décidé à mourir plutôt que de transgresser la loi du Seigneur, conçut la déplorable pensée d'usurper les pouvoirs spirituels du souverain pontife; il songeait à plonger la France dans le schisme, comme Henri VIII y avait précipité l'Angleterre! Mais il lui fallait un instrument pour la réalisation de ce dessein, et il crut l'avoir trouvé dans la personne de l'abbé de Quélen. Il le mande aux Tuileries, énumère ses prétendus griefs contre le Saint-Siége, dévoile son projet, et laisse entrevoir les hautes dignités, destinées à récompenser le concours dont il attend la promesse. M. de Quélen resta également insensible aux tentations des honneurs et aux menaces de la persécution. Il sut insister avec fermeté sur l'obligation de rester uni à la chaire de saint Pierre, prouva que cette union avait fait la gloire de Charlemagne, dont Napoléon avait déclaré vouloir suivre les traces ; que les rois ses successeurs avaient puisé dans leur orthodoxie leurs plus beaux titres à l'amour de leurs sujets, et que si l'empereur se décidait avec une confiance filiale à se rapprocher du Pape, l'affermissement de sa puissance serait la conséquence de cette noble conduite.

Cette réponse déplut au monarque, qui ne cacha pas son mécontentement et congédia brusquement son interlocuteur ; mais il réfléchit, pesa la valeur des graves arguments allégués contre sa volonté, modifia ses idées, et abandonna ses projets de schisme. Le courage éclairé du jeune prêtre avait écarté de la France un immense péril !

Cependant la main du malheur ne tarda pas à s'appesantir sur le monarque qui avait persécuté le Vicaire de Jésus-Christ. Une série d'épreuves et de revers fit connaître une fois de plus le prix que Dieu attache à la liberté de son Eglise, sauve-garde unique et sacrée de la vérité, de la justice et de la charité sur la terre. L'épuisement des finances, la destruction des armées, l'envahissement de la France furent les précurseurs de la chute de Napoléon. L'abbé de Quélen déplora les malheurs de la patrie et se multiplia pour en soulager les maux. Les soldats atteints du typhus, et les hommes blessés dans les combats livrés sous les murs de la capitale, encombraient les hôpitaux et les abattoirs de la ville. Il fit de fréquentes visites

à ces différents asiles de la douleur. Il donnait tout
ce dont il pouvait disposer ; il avait recours à la
bourse de ses amis quand la sienne était complètement dégarnie, et ne voulait prendre ni nourriture
ni repos, tant qu'il y avait des malades à consoler
ou des mourants à réconcilier avec Dieu.

Enfin des jours meilleurs commencèrent à luire sur
le pays ; les Bourbons, en remontant sur le trône de
leurs ancêtres, apportaient à leurs sujets des gages de
paix et de prospérité. L'abbé de Quélen, heureux de
leur retour, fut chargé d'offrir au roi Louis XVIII les
hommages de l'évêque de Saint-Brieuc, et fut désigné
pour prononcer à Saint-Sulpice l'oraison funèbre de
Louis XVI. Son discours profondément ému célébra,
comme il convenait, la sainteté de la victime, et
déplora le sort des Français assez malheureux pour
n'avoir pas su empêcher l'accomplissement d'un pareil
sacrifice.

Peu de temps après cette religieuse cérémonie, Mgr
de Périgord, grand-aumônier, appréciant les talents et
la piété de M. de Quélen, lui confia d'abord la direction spirituelle des maisons royales d'éducation dépen-
dant de l'aumônerie, et le nomma bientôt son vicaire
général. Ces nouvelles fonctions, interrompues pendant
les cent jours de la domination de l'empereur, furent
continuées après le retour du roi.

Une grande mission fut alors donnée à Mgr de Périgord. Chargé d'administrer les affaires ecclésiastiques
du royaume, il fut appelé à préparer les éléments d'une
convention projetée entre le Saint-Siége et la France
pour faire cesser bien des souffrances, réformer des
abus nés des malheurs des temps, et pourvoir au rè-

glement des questions qui intéressaient les catholiques
de France. M. de Quélen eut une part importante dans
les négociations qui amenèrent le concordat de 1817.
Il y disposa les esprits avec une sagesse, une mesure,
une aménité, une connaissance des hommes et un cer-
tain mélange de modestie et de dignité qui lui conci-
lièrent tous les suffrages. Il y avait 50 siéges épiscopaux
vacants ou à rétablir; il prépara une liste de candidats,
et de nombreux refus furent la preuve de la bonté de
ses choix. Un nom cependant manquait à la série de ses
propositions; c'était le sien : on ne tarda pas à réparer
cette omission. Il s'effaçait avec humilité ; mais plus il
cherchait à cacher ses mérites, plus on s'efforçait de les
reconnaître et de les proclamer; le cardinal de Périgord
lui portait une affection paternelle, et fut heureux de
pouvoir le déclarer digne de l'épiscopat. Nommé à l'archevêché de Paris malgré son âge et ses infirmités, il
avait besoin d'un coopérateur, dépositaire de sa plus
intime confiance ; il demanda l'abbé de Quélen et l'obtint comme son suffragant. Le 28 octobre 1817, M. de
Quélen fut sacré dans cette église des Carmes où il était
venu souvent dans son enfance visiter les martyrs : les
murs du temple, témoins de tant de courage et de tant
de souffrances, parlaient un langage qui allait droit à
son cœur, et qui eût ajouté, s'il eût été possible, à son
profond recueillement. Nommé coadjuteur avec future
succession, il eut d'abord le titre d'évêque de Samosate,
et trois ans plus tard celui d'archevêque de Trajanopole,
donné autrefois au cardinal de Périgord, quand il était
coadjuteur de Reims.

L'Eglise de Paris, si longtemps privée de son premier
pasteur, bénissait le Seigneur d'avoir mis un terme à ses

épreuves, quand un nouvel attentat vint plonger dans
le deuil la capitale et la France. Le 13 février 1820,
un agent de ces sociétés secrètes, organisées pour détruire le règne des lois, la salutaire influence de la
religion, le bonheur des familles et bouleverser l'ordre
social, réussit à commettre un épouvantable forfait:
Louvel assassina le duc de Berry! Mgr de Quélen fut de
nouveau choisi pour prononcer l'oraison funèbre d'une
illustre victime. Il trouva des paroles pleines d'éloquence
et de larmes, rappela les qualités du prince, sa foi
vive, sa componction sincère, l'accusation publique
de ses péchés à son lit de mort, et flétrit, du haut
de la chaire sacrée, les efforts des révolutionnaires,
dont les sourdes menées commençaient à répandre,
dans les villes comme dans les campagnes, le goût
de la licence, déguisée sous le nom trompeur de la
liberté.

Pendant que la patrie gémissait sous le coup de cet
irréparable malheur, les leçons de l'adversité éclairaient
l'empereur Napoléon, exilé sur le rocher de Sainte-
Hélène. Les déceptions, les châtiments avaient détruit
dans son intelligence bien des préjugés, et avaient
tourné les méditations de son génie vers les graves
pensées de la mort. Il voulait se préparer au grand
voyage du temps à l'éternité, et demandait au gouvernement de lui accorder un prêtre français pour l'aider
à mourir chrétiennement. Le ministre du roi consulta
Mgr de Quélen à ce sujet. Le prélat conseilla de donner
prompte satisfaction à une prière si digne d'être exaucée.
« Quel est le prêtre qui consentira, reprit le ministre,
à s'exiler à Sainte-Hélène? — Je connais celui qui
acceptera cette mission de grand cœur, répondit le

prélat, et qui j'espère sera favorablement accueilli. Écrivez pour le proposer ; j'obtiendrai l'agrément du roi, et je partirai, car c'est de moi que je vous parle. »

La proposition ne fut pas accueillie ; mais la volonté d'accomplir le sacrifice resta méritoire, et fut inscrite par le Seigneur au livre où rien ne s'efface.

Au lieu de se disposer à s'éloigner du diocèse, Mgr de Quélen dut se préparer à en prendre le gouvernement. Les forces du cardinal déclinaient, et on pouvait pressentir la fin prochaine de sa carrière. Le 21 octobre 1821, il termina saintement une vie consacrée au service et à la gloire du Seigneur, laissant comme dernier témoignage de son zèle apostolique un testament où il épanchait sa belle âme, se réjouissait de tout le bien qui serait fait après lui par le coadjuteur et se félicitait encore de l'avoir associé à son épiscopat.

CHAPITRE II

Lorsque Mgr de Quélen devint archevêque titulaire du diocèse de Paris, il n'avait que 43 ans; il était peut-être le plus jeune évêque de France, et en occupait le siége le plus important; mais nul ne s'en étonnait, tant les hautes dignités semblaient faites pour lui! Il y avait dans sa charité une noblesse qui inspirait à tous le respect. Il mettait au premier rang de ses devoirs, comme il convient aux temps d'orage, ceux qui exigeaient le plus d'énergie; les circonstances difficiles de sa jeunesse avaient mûri son expérience, et on croyait voir briller sur sa tête une sorte d'auréole, privilége ordinaire des martyrs, des vieillards et des saints : aussi les fidèles unirent-ils leurs actions de grâces à celles du clergé, et, à sa première audience, Louis XVIII lui dit : « Je regrette bien que vous ayez été coadjuteur du cardinal, car cela me prive du plaisir de vous nommer aujourd'hui archevêque. »

Dès les premiers jours de son épiscopat Mgr de Quélen ressentit une vive consolation : la révolution avait détourné le temple de Sainte-Geneviève de sa pieuse destination ; elle lui avait donné le nom païen de *Panthéon*, et avait décrété qu'on y transporterait avec honneurs les restes de ses *héros*, c'est-à-dire les fauteurs de l'impiété, les coryphées de la révolte et les plus redoutables ennemis de l'humanité. La Providence inspira au roi la pensée de rendre à la religion ce beau monument. Monseigneur bénit avec joie la nouvelle église de Sainte-Geneviève, y établit les exercices du culte, et voulut y exposer à la vénération de ses diocésains les reliques de la patronne de Paris.

Le cardinal de Périgord avait désiré faire une visite générale de son diocèse avec un ensemble de prédications et d'exercices, destinés à ranimer la foi dans cette capitale, témoin de tant de crimes et de scandales. Ses dernières souffrances et sa mort l'avaient empêché de réaliser son pieux dessein ; il avait expressément demandé à son successeur de l'exécuter, et Mgr de Quélen s'empressa d'accomplir le vœu de son vénéré prédécesseur. Mais, dès le début, il rencontra des difficultés lorsqu'il aurait dû recueillir des bénédictions, et eut à surmonter les plus sérieux obstacles. L'esprit de parti calomnia les missions ; il leur attribua un but politique, et voulut voir une pensée terrestre là où l'idée religieuse dominait exclusivement ; il accrédita cette opinion dans les masses, et réussit à former de tumultueux attroupements autour et dans l'intérieur même des églises évangélisées. La passion aveugla les esprits au point de faire descendre dans la rue des pères de famille jouissant d'une certaine estime : des vieillards eux-mêmes ne craignirent pas de déshonorer leurs cheveux blancs en donnant aux jeunes gens le signal du trouble et l'encouragement à l'émeute! Telles furent les tristes scènes que les paroissiens de Notre-Dame-des-Victoires, de Saint-Etienne-du-Mont et de Saint-Jacques-du-Haut-Pas eurent à déplorer. On n'épargna aux prédicateurs ni menaces ni voies de fait. La fermeté de l'archevêque triompha de ces sauvages manifestations contre la liberté des consciences. Il se plaignit avec calme et avec force de ces attaques dirigées contre la justice et la vérité; il accompagna chaque soir ses missionnaires dans les quartiers où il y avait du bruit à redouter, des dangers à partager ; les perturbateurs se lassèrent avant que sa patiente persévérance fût ébranlée, et le bien s'accomplit. Secondé par le P. Rauzan, supérieur et fondateur des missionnaires de France, il vit une foule d'âmes égarées rentrer au divin bercail, et les consolations abondèrent sur cette terre qu'on aurait pu croire desséchée par le souffle de l'indifférence et par les efforts de l'impiété.

Le gouvernement de la restauration voulut appeler quelques évêques à la chambre des pairs pour y représenter les plus hauts intérêts de la société. Le choix de Mgr de Quélen était indiqué par son nom, sa position, et plus encore par son mérite personnel; il fut nommé en 1822. Sa parole claire, élégante, persuasive, répondait bien à la pensée qui l'avait fait entrer dans cette noble assemblée. Elle portait la lumière dans les esprits, soutenait les principes de la religion , et développait les idées les plus favorables au bonheur des peuples. Sans peur comme sans reproche, il était aussi peu accessible au désir de la popularité qu'à la crainte de s'attirer la défaveur du pouvoir. Inspiré par cette indépendance qui relève de la conscience et de Dieu , il combattit à la chambre des pairs , avec une mesure digne d'éloge, le projet de conversion des rentes. Cette proposition de M. de Villèle voulait obliger les rentiers à opter entre le remboursement de leurs capitaux et la réduction d'un cinquième dans leurs revenus, quatre francs au lieu de cinq francs par cent. A cette époque de prospérité, l'argent n'était pas rare, et comme les sommes à prêter étaient considérables, les bons placements se faisaient à un taux peu élevé. Dans la pensée du ministre, les créanciers de l'Etat auraient consenti au sacrifice du cinquième de leur rente , et les charges publiques en eussent éprouvé un notable allégement! Mais on ne considérait pas assez le sort des petits rentiers, très-nombreux à Paris. Leur position émut le cœur de l'archevêque ; il défendit en père ses pauvres diocésains ! Beaucoup de familles, ruinées par la révolution, avaient à peine le nécessaire. Elles avaient placé en rentes leur médiocre avoir, et cachaient dans les quartiers retirés de Paris une position voisine de l'indigence. Si elles sont privées du cinquième de leurs revenus, que deviendront-elles ? Elles ne sont plus à l'âge des travaux productifs; un placement en immeubles réduirait encore leur revenu, la banque et le négoce pourraient compromettre leurs petits capitaux. Elles allaient donc manquer de pain ; cependant elles auraient eu honte de mendier ! L'éloquent orateur demanda au moins grâce pour les petits rentiers, et il proposa un

amendement destiné à préserver de toute diminution
les rentes au-dessous de mille francs. — Les hommes
politiques se sont divisés sur l'opportunité de ce discours ; il n'a été permis à personne de mettre en doute
l'esprit de charité qui l'inspira. Cette parole si modérée
exerça une grande influence sur la chambre, le projet de loi fut rejeté. A sa sortie, Mgr de Quélen fut
accueilli par des applaudissements enthousiastes, et
reconduit en triomphe dans son palais. L'archevêque
ne s'attendait pas à cette ovation; il la subit à regret.
Le désir d'accomplir un devoir, l'intention de faire
la volonté de Dieu avaient été les uniques mobiles de
sa conduite.

Un autre suffrage qu'il n'ambitionnait pas le trouva
peut-être moins insensible, parce qu'il espérait en faire
profiter la cause de la religion : ce fut celui de l'Académie française. Cette assemblée l'appela dans son
sein en 1824. Le cardinal de Bausset, remarquable
par l'urbanité de son caractère, le charme de sa parole,
l'élévation de ses pensées et l'égalité de son âme, venait
de mourir, laissant à la littérature l'histoire de Bossuet
et celle de Fénelon, qui passeront à la postérité. Son
fauteuil fut offert à l'archevêque de Paris. Après avoir
honoré par un juste tribut de louanges la mémoire de
son prédécesseur, le récipiendaire exprima le vœu de
voir renaître l'alliance de la religion avec les lettres,
avec les sciences et avec les arts. La foi enflamme le
génie, en règle l'emploi, l'élève, le préserve de l'impa-
tience, du découragement, des ravages de l'orgueil, des
rêves de l'ambition ; elle lui inspire le calme, la persévérance, le dévouement au bien. Eclairé par cette
divine lumière, le génie correspond à sa mission dans le

monde : il propage l'horreur du vice, l'amour de la vertu, et devient un puissant auxiliaire de l'Eglise pour élever les caractères, améliorer les mœurs et répandre les bienfaits de la civilisation. Ces grandes pensées, développées avec talent, rehaussées par le choix des images et la noble simplicité du langage, produisirent sur tous les esprits une forte et salutaire impression.

L'année suivante, le sacre du roi Charles X décida l'archevêque à sortir quelques jours de son diocèse pour se rendre à Reims; plus tard les fatigues de son minis. tère et le dépérissement de sa santé l'obligèrent à entreprendre deux voyages ordonnés par la faculté. Mais il lui fallait de la résignation pour s'éloigner de ses diocésains; leur pensée l'accompagnait partout, et il lui tardait de revenir vers eux pour leur consacrer ses nouvelles forces.

Sa première excursion le conduisit à Rome. A peine était-il arrivé, qu'il sollicitait en faveur de son diocèse la bénédiction du Saint-Père, et demandait les conseils dont il pensait avoir besoin pour travailler avec plus de succès à la sanctification des âmes. Léon XII conçut une haute estime pour les mérites de l'archevêque de Paris, il lui prodigua les prévenances les plus délicates, et lui donna les bustes de saint Pierre et de saint Paul, enrichis des reliques des deux apôtres, précieux souvenir, confié à la garde du chapitre métropolitain, et déposé par l'archevêque dans le trésor de Notre-Dame.

Le second voyage fut destiné au pèlerinage d'Ensielden. Il y officia pontificalement, parcourut les cantons catholiques de la Suisse, édifia les populations empressées à s'agenouiller sur son passage, administra le sacrement de confirmation à plus de 6,000 fidèles et multiplia les témoignages de son zèle. Son incessante activité pour le bien semblait avoir besoin de nouveaux travaux pour se reposer des fatigues du passé.

Quand il rentrait dans son diocèse, le clergé s'unissait aux fidèles pour offrir des actions de grâces au Seigneur, et l'archevêque recommençait avec joie sa vie de dévouement et de labeurs. La rosée du ciel descendait sur ses travaux, fécondait ses efforts, et les retours à Dieu venaient encourager son ministère.

Le jubilé de 1826 lui procura d'immenses consolations. Attirée par de zélés prédicateurs, la multitude remplissait les églises, assiégeait les tribunaux de la pénitence, se pressait autour de la sainte table, abjurait ses égarements, et promettait à la religion une inviolable fidélité. Les démarches personnelles du prélat convertissaient et décidaient à une mort chrétienne des hommes honorables selon le monde, mais étrangers depuis longtemps aux pratiques de la foi. Tel fut le duc de Vicence, qui reçut avec empressement, dans sa dernière maladie, les sacrements de l'Eglise. Il avait été victime d'une imputation calomnieuse; on lui avait longtemps reproché d'avoir accepté de l'empereur la mission d'arrêter le duc d'Enghien; cette accusation s'était accréditée dans le public, et il en souffrait cruellement! A la veille de paraître devant Dieu, en présence de Mgr de Quélen, il déclara qu'il était complètement étranger à la mort et à l'arrestation du prince. Il reçut avec foi les secours de la religion, voulut être administré en présence de toute sa maison, afin de l'édifier par son exemple, bénit sa famille, et fit généreusement le sacrifice de sa vie.

L'archevêque ne négligeait aucun moyen de propager la foi ou de raviver la piété. Il encouragea beaucoup la dévotion au Sacré-Cœur et voulut que la fête en fût célébrée avec solennité. Il recommandait souvent le culte de la sainte Vierge, aimait à l'invoquer sous le titre de son Immaculée Conception, plaçait sous sa protection toutes les démarches de son zèle, et recourait à son intercession avec une confiance toujours bénie au milieu de ses difficultés, de ses préoccupations et de ses peines.

L'hommage rendu sous son épiscopat à la mémoire de saint Vincent de Paul est une page trop glorieuse de cette belle vie pour n'être pas relatée avec quelques détails.

On venait de construire dans la rue de Sèvres une église bâtie sous l'invocation de ce saint dont la popularité toujours vivace semble braver l'injure des siècles. La foi qui invoque son secours obtient encore de nos jours des miracles; et la reconnaissance des fidèles, dirigée par leur premier pasteur, avait acquis, pour honorer ses reliques, une magnifique châsse en argent, longue de sept pieds, enrichie d'ornements et surmontée d'un groupe représentant saint Vincent de Paul dans la gloire. L'archevêque décida qu'une procession solennelle accompagnerait les saintes reliques, de l'archevêché, où elles étaient déposées, à la communauté des prêtres de la mission; elle traversa ainsi les quartiers les plus populeux de Paris, sans le secours d'aucune troupe, sans le moindre déploiement d'appareil militaire, sous l'égide et la seule protection des bienfaits dont ce nom vénéré rappelait le souvenir. On remarquait dans le cortége un grand nombre de prêtres, quatre cents filles de la Charité, des religieuses de divers ordres, les magistrats de la capitale, plusieurs illustres personnages et une foule immense de pieux laïques. Trois cent mille personnes furent témoins de cette magnifique fête, accueillie par des transports de joie et des marques de respectueuse gratitude. Ces sentiments remplissaient le cœur des fidèles; ils surabondaient dans celui de Mgr de Quélen.

Pour obtenir la réussite de ses entreprises, l'archevêque s'adressait d'abord aux saints du ciel; mais il recherchait aussi sur la terre le concours des personnes pénétrées de l'esprit de Dieu. Il savait les intéresser à ses desseins, et ne manquait pas d'y associer ses amis et ses parents. Comment ne pas nommer à ce propos sa vertueuse tante, la présidente Hocquart? Cette femme forte, que l'échafaud révolutionnaire avait condamnée au veuvage, communiait chaque jour, accréditait la piété par les plus aimables qualités et se livrait à l'exercice de toutes les bonnes œuvres. Les malades dans les hôpitaux, les détenues de Saint-Lazare recevaient chaque semaine des preuves de sa charité. Elle était trésorière générale de l'œuvre des séminaires, distribuait avec intelligence les plus abondantes aumônes, soulageant les misères matérielles pour arriver à la guérison des âmes, et secondait de tout son pouvoir les généreux projets de Mgr de Quélen. Le prélat l'aimait, et il la pleura comme une seconde mère! Un affreux accident, dû à la maladresse d'un postillon, termina cette carrière de dévouement : sur une belle route, en plein jour, sa voiture fut brisée, sa tête fut fracturée; elle ne

tarda pas à rendre le dernier soupir! Mais la mort
ne la surprit pas ; elle s'y était depuis longtemps
préparée, et sa vie si exemplaire devait se complé-
ter par ce suprême enseignement.

CHAPITRE III

Révolution de 1830. — Persécutions, invasion du choléra.
Bonnes œuvres et conversions.

Mgr de Quélen, très-attaché à la maison de Bourbon, voyait avec chagrin s'amonceler, au‑dessus du trône, des orages prêts à engloutir dans un même naufrage l'avenir de la dynastie et la prospérité de la France. Il avait demandé des prières pour le succès des élections générales, avait accueilli avec bonheur la nouvelle de la prise d'Alger, et quand le roi Charles X vint à Notre-Dame pour rendre grâces au Dieu des armées, le prélat avait offert au souverain les vœux et les hommages d'un bon Français. Mais quelque temps auparavant il avait refusé la direction d'un ministère; il se tenait soigneusement en dehors de toute combinaison politique, et il apprit par la lecture des journaux le coup d'Etat que les sociétés secrètes exploitèrent pour amener la révolution de 1830.

Les ordonnances de juillet changeaient le mode d'élection à la chambre des députés et suspendaient la liberté de la presse. Elles menaçaient de compromettre les intérêts matériels des ouvriers imprimeurs, qui promirent les premiers leur concours aux révolutionnaires. Ce groupe d'insurgés rallia bientôt autour de lui des opinions très-diverses, unies pour détruire, quoique profondément divisées; il s'attira de nombreuses adhésions en faisant crier *Vive la Charte*, manifestant ainsi, par cette déclaration des droits politiques de la nation, un enthousiasme et un respect de courte durée, puisque la Charte fut méconnue et déchirée le lendemain de la victoire. Les barricades furent rapidement construites, et l'émeute ne tarda pas à ensanglanter les rues de la capitale. Les meneurs s'attaquaient à la fois à la religion et à la royauté. Pour exécuter leur criminel projet, ils s'efforcèrent de verser à pleines mains l'injure et la calomnie sur les intentions du roi et sur la conduite de Mgr de Quélen. Le mot d'ordre, une fois donné, ne fut que trop fidèlement suivi! Aussi lorsque, le 28 juillet, les blessés furent déposés à l'Hôtel-Dieu, les porteurs n'eurent pas honte de dire que l'archevêque faisant tirer sur le peuple, il fallait le chercher pour le tuer. Le prélat habitait alors Conflans, ancienne maison de campagne des archevêques de Paris; il venait de racheter cette propriété de ses deniers pour la léguer à ses successeurs. Ce fut là que le docteur Caillard, attaché à l'Hôtel-Dieu, son médecin et son ami, vint le chercher à pied pour l'informer de l'égarement des esprits; il lui conseillait la fuite comme le meilleur moyen d'échapper aux dangers dont sa vie était menacée. Le maire de Charenton suivit de près M. Caillard, apportant les mêmes nouvelles ; il insistait aussi pour obtenir un prompt départ. « Je ne quitterai pas mon diocèse, répondit Monseigneur avec une fermeté pleine de douceur ; dans les circonstances périlleuses, la place du pasteur est au milieu du troupeau. » Et aussitôt il voulut se disposer à retourner à Paris, accompagné de M. l'abbé Desjardins. A peine partis, ils sont arrêtés sur le pont de Bercy par un groupe d'insurgés qui croisent la baïonnette sur leur poitrine. « Nous allons à l'Hôtel-Dieu, disent les voyageurs, il y a là des blessés auxquels nous pourrons être utiles. — Vous êtes des curés, répondent les émeutiers, c'est vous qui êtes cause de tout ceci. — On n'est pas cause de ce qu'on ignore, reprennent-ils, vous voyez bien que nous arrivons à Paris. » Mais, sans écouter leurs paroles, les insurgés prennent le parti de les jeter dans la Seine, et délibèrent sur la question de savoir s'ils les précipiteront seuls ou avec leur voiture. On ignore ce qui serait advenu dans cette première rencontre, si la Providence n'eût inspiré à un homme de la bande le désir d'éviter l'effusion du sang. Il s'avança vers la voiture avec une certaine autorité, et ferma brusquement la portière en criant : « Allez au diable, si vous voulez ! »

On essaya de gagner l'île de la Cité, mais on ne tarda pas à s'apercevoir de l'impossibilité d'entrer à l'Hôtel-Dieu, et on se dirigea vers la Salpétrière. Là Monseigneur se fit reconnaître par le chef du poste qui fut désarmé quelques minutes plus tard, donna sa bénédiction aux sœurs agenouillées pour la rece-

voir, entra chez l'aumônier et y resta jusqu'au soir.
Cet asile fut bientôt découvert : des cris de mort se
firent entendre. Le lendemain deux cents insurgés
vinrent de grand matin pour investir l'hôpital et s'em-
parer du prélat : heureusement il avait trouvé un
refuge chez M. Serres, médecin de la Pitié, qui le
posséda chez lui pendant plusieurs jours, partageant
avec le docteur Lisfranc l'honneur de lui donner des
soins.

Ce fut dans cette seconde retraite que Mgr de Quélen apprit le pillage de l'archevêché. Déjà la maison
de Conflans avait été dévastée, les portes enfoncées,
les armoires forcées, et plusieurs objets de prix sous-
traits par les émeutiers. Le palais archiépiscopal fut
envahi par une troupe d'environ douze cents indi-
vidus qui, grâce à Dieu, n'appartenaient pas au peuple
de Paris. C'était, suivant une expression du temps,
appliquée à ces émeutiers, *le peuple des bagnes :* il
en sortait, ou il devait bientôt y entrer. On y voyait
les échappés de prisons rendus à la liberté par l'é-
meute triomphante, les gens sans aveu, les repris
de justice placés sous la surveillance d'une police en
désarroi; en un mot, toutes ces figures sinistres qu'on
rencontre souvent dans les mauvais jours, tandis
qu'elles semblent se dérober à tous les regards dans
les temps de prospérité. Ces malfaiteurs arrivèrent au
palais archiépiscopal en proférant des clameurs contre
la personne de Mgr de Quélen, et pénétrèrent partout, sous prétexte de découvrir quatre mille fusils,
cachés, disaient-ils, dans le palais. Plusieurs s'intro-
duisirent dans le vestiaire de Notre-Dame, s'affu-
blèrent de soutanes, se couvrirent la tête de bonnets

carrés, et, sous ce costume, ils n'eurent pas honte
de faire feu du haut des fenêtres, afin de persuader
au peuple que les chanoines tiraient sur lui : indigne
calomnie, fable absurde, répandue dans les masses,
exploitée par les passions impies et accréditées par
quelques journaux ! Des titres précieux, d'anciennes
archives, les livres, les tableaux, les meubles, les
tentures, les marbres, l'argenterie, furent brûlés,
brisés, volés ou jetés dans la Seine : de saintes reliques
furent profanées ; des sommes considérables, plusieurs
centaines de mille francs provenant d'un legs fait à
l'archevêque par sa tante, la présidente Hocquart,
des dons importants pour le paiement de la châsse
de saint Vincent de Paul, pour les séminaires et plusieurs autres œuvres, disparurent sans retour ; tout fut
soustrait, à l'exception d'un sac de deux mille quatre
cents francs ! Ce sac fut porté à l'Hôtel-Dieu avec
une ostentation qui déguisait mal les vols dont on
s'était rendu coupable ! En sept heures, ces nombreux
actes de vandalisme furent consommés ; à la fin de
la journée, le palais présentait aux regards attristés
des passants l'aspect de la dévastation et de la
ruine.

La nouvelle de ce désastre n'eut pas le pouvoir d'al-
térer le calme ou d'ébranler la résignation de l'archevêque. Il bénit le Seigneur dans l'épreuve comme il
l'avait béni dans la prospérité.

Cependant la rage des persécuteurs n'était pas encore assouvie ; l'hospice de la Pitié n'était plus une
retraite sûre : il fallut songer à en trouver une autre,
et le docteur Caillard se disposait à amener Monseigneur
dans son logement de l'Hôtel-Dieu quand la Provi-

dence offrit à son dévouement l'occasion d'obtenir un refuge plus sûr.

Préoccupé de son projet d'évasion, il explorait le terrain et les rues à traverser, quand il vit arriver vers lui M. Geoffroy Saint-Hilaire, gesticulant, parlant seul et paraissant très-animé. Il l'aborde et découvre la cause de son courroux ; cette indignation s'adressait à des menaces qu'il venait d'entendre proférer contre la vie du prélat ! « Je ne suis pas dévot, dit le savant, je ne connais pas Monseigneur ; mais je le cacherais chez moi, s'il se présentait ; oui, je le cacherais ! — Eh bien, reprend le docteur, j'ai votre affaire ; l'archevêque n'est plus en sûreté à la Pitié ; voulez-vous le recevoir dans votre maison ? » La proposition fut acceptée avec empressement ; pendant quinze jours, l'illustre professeur rivalisa de zèle avec Mme Geoffroy Saint-Hilaire pour prouver au premier pasteur sa respectueuse sympathie ; il conserva, du souvenir de cette quinzaine, une des plus salutaires impressions qu'il ait reçues dans sa vie.

Cependant le besoin d'ordre public, qui devait inspirer la nouvelle devise [1] de la garde nationale, ramena graduellement le règne des lois ; et Mgr de Quélen, moins exposé au poignard des assassins, put accepter un modeste logement, préparé pour le recevoir dans la maison des dames de Saint-Michel, rue Saint-Jacques. La position retirée de cet établissement, le désir de n'exposer aucun des siens pour sa personne, la crainte d'attirer de sanglantes représailles sur les maisons d'hommes, l'espoir d'exciter la pitié en faveur de faibles femmes, si la persécution venait le chercher

---

[1] *Liberté, ordre public,* telle était cette nouvelle devise.

dans ce dernier asile, tels furent les motifs de son choix et de sa persévérance à demeurer dans cette pieuse maison. La duchesse d'Orléans, devenue reine des Français, obtint du nouveau gouvernement les mesures nécessaires pour protéger les jours du prélat, et quand il vint la remercier, elle le supplia de ne point abandonner un diocèse où de grands malheurs pouvaient arriver en son absence. Il répondit, comme au docteur Caillard, *qu'il ne déserterait pas son poste, et qu'au besoin il y mourrait.*

Il commença bientôt à exercer envers ses ennemis la vengeance des saints. Dès le mois de septembre 1830, en envoyant d'abondantes aumônes aux sœurs de charité de Notre-Dame, il les priait de les distribuer aux pauvres, et leur recommandait spécialement ceux qui lui avaient fait ou voulu du mal, ceux qui avaient pu prendre part au désastre de l'archevêché ! Cette belle théorie reçut bientôt son application, car le bien mal acquis ne profite pas ordinairement ; la justice divine commence souvent à s'exercer dès ce monde, et parmi les plus pauvres indigents de la cité on comptait plusieurs voleurs des deniers de l'archevêché, voleurs restés impunis par les lois humaines, et déjà châtiés par la volonté du Seigneur !

L'archevêque écrivait à une personne affligée des calomnies débitées pour ternir l'éclat de ses vertus : « ..... [1] Je suis depuis longtemps accoutumé à remettre ma cause entre les mains de Dieu ; jusqu'ici je m'en suis bien trouvé. S'il daigne me justifier d'une manière éclatante pour la gloire de son nom et pour l'honneur

---

[1] *Vie de Mgr de Quélen,* par M. le baron Henrion, pages 250 et 251.

du sacerdoce, je lui demande de ne jamais me venger ;
car je pardonne du fond du cœur à tous ceux qui se
sont faits mes ennemis, sans que je leur en aie donné
ni sujet ni prétexte.... Si Notre-Seigneur a été persécuté, pourquoi ne le serais-je pas ?... De quoi me plain-
drais-je ?... Il se taisait au milieu de ses accusateurs
qu'il pouvait confondre en un instant... Pourquoi cher-
cherais-je à me défendre ?... Le témoin de mon innocence est dans les cieux ; le témoignage de ma conscience couvre la voix de ceux qui se déchaînent contre
moi. D'ailleurs on m'a loué si souvent de perfections
que je n'ai point, qu'il faut bien expier, par l'humiliation de quelques calomnies, la gloire que je n'ai pas
méritée...»

Il répondait à un autre témoignage de douloureuse
vénération : « Dès que j'apprends qu'une personne a
mal parlé de moi, je dis la messe pour elle. »

L'exercice de la charité est une fête pour le cœur ;
c'est en même temps une lumière pour l'intelligence ;
Mgr de Quélen s'attirait par ses sublimes pardons les
grâces dont il avait besoin pour procurer la gloire de
la religion, conjurer les périls dont elle était menacée
en France, et préparer la solution des questions sou-
levées par la révolution de 1830. Celle du serment à
prêter au gouvernement et des prières à réciter pour
le nouveau chef de l'Etat préoccupait, à juste titre,
Nosseigneurs les évêques. Pour répondre au désir de
plusieurs d'entre eux et pour fixer sa propre conduite,
Mgr de Quélen résolut de consulter Rome. Il confia à
un homme d'une piété et d'une sagesse éprouvées, au
docteur Caillard, la mission d'aller solliciter du souverain Pontife une décision attendue avec une confiance

et une soumission sans bornes. Ce fidèle mandataire
sut exposer avec un talent impartial la disposition des
esprits, l'état des choses, et rapporta une décision qui
affermit la paix de la France.

On y travaillait à effacer les traces du dernier boule-
versement ; mais le bien se faisait timidement, et le
mal obtenait les plus déplorables concessions ; l'ordre
régnait dans les rues, il n'était pas rétabli dans la
sphère des idées. Le feu couvait sous la cendre, le plus
léger prétexte suffit pour rallumer l'incendie.

En novembre 1830, à la suite d'une audience donnée
par Louis-Philippe, l'archevêque rétablit, à ses frais,
le secrétariat dans les bâtiments dévastés de son palais.
Le 11 janvier suivant, il reparut à Notre-Dame, y
célébra les saints mystères, pour la clôture de la neu-
vaine de sainte Geneviève, et communia un grand
nombre de fidèles. Un mois plus tard, l'émeute rele-
vait sa tête encore ensanglantée, dictait des ordres,
faisait de nouvelles ruines et commandait en souve-
raine, sans rencontrer d'autres obstacles que la tacite
réprobation des honnêtes gens.

Le 14 février, quelques pieux paroissiens de Saint-
Germain-l'Auxerrois, étrangers à la politique, mais
reconnaissants envers la dynastie déchue, demandèrent
à leur curé un service anniversaire pour le repos de
l'âme du duc de Berry. La même démarche avait été
faite par d'autres personnes à Saint-Roch ; le préfet de
police, informé à temps, avait signalé à l'autorité
ecclésiastique la mauvaise disposition des émeutiers,
leur volonté bien arrêtée de descendre dans la rue
à la première occasion, et la cérémonie avait été
contremandée. Aucune communication, aucun aver-

tissement n'arriva à Saint-Germain-l'Auxerrois; là
le pasteur, obéissant aux règles ordinaires, promit
le service; sa prudence exigea seulement qu'il fût
modeste et sans pompe. L'office se fit avec calme,
et les assistants se distinguèrent par leur recueillement. Toutes les prières étaient dites; le curé, rentré à la sacristie, avait fini son action de grâces, il
allait remonter au presbytère, quand on vint le prévenir de l'apparition d'une lithographie attachée au
haut du catafalque et représentant M. le duc de Bordeaux. Un jeune homme, appartenant à une famille
honorable, et obéissant à un mouvement irréfléchi
d'enthousiasme, avait emprunté quinze francs pour
faire cette emplette; il avait attaché l'image au catafalque sans consulter personne, sans songer aux con-
séquences possibles de sa témérité. Le vénérable prêtre
accourt et détache l'emblème dont on devait tirer un
si désastreux parti; mais déjà de menaçantes clameurs
se font entendre, le presbytère est envahi, le curé est
conduit en prison, et quand son évidente innocence
lui rend la liberté, il ne retrouve plus qu'une paroisse
en ruines! En effet, les bandes d'insurgés reparaissent
et sèment la consternation sur leur passage : leurs chefs
députent des groupes de forçats libérés à l'église Saint-
Germain-l'Auxerrois pour la dévaster, à la maison de
Conflans pour la piller une seconde fois, à l'archevêché
pour en consommer la ruine! Les livres et les papiers
du secrétariat sont jetés à la rivière ; on s'attaque aux
rampes, aux planchers, aux plafonds, respectés par la
première invasion des brigands ; pendant cinq heures,
le feu consume et la Seine charrie les débris amoncelés
par ces nouveaux barbares! Monseigneur, inquiété,

menacé à Saint-Michel, est obligé de se réfugier au
sein d'une famille très-attachée à sa personne, plus
dévouée encore aux jours de la persécution, et passe
plusieurs jours chez le comte de Caffarelli. Le tendre
intérêt qu'inspire l'enfance ne suffit pas à préserver le
petit séminaire ! Le pouvoir est averti de ces crimes
lamentables ; il dispose de forces imposantes, et il ne
fait rien pour empêcher de tels forfaits ! Le gouvernement nouveau déplorait secrètement des scènes qu'on
voudrait pouvoir effacer des annales de notre histoire, mais il n'osait pas les réprimer, de peur de s'a-
liéner les dangereux alliés qui avaient renversé le pouvoir dont il venait de prendre la place. Il est permis
d'attribuer à ces indignes ménagements le mandat d'a-
mener lancé à cette occasion par le préfet de police contre l'archevêque de Paris ; mandat bientôt retiré, avec
des excuses respectueuses et avec un éclatant hommage
rendu au caractère qu'on avait eu le malheur de mé-
connaître. De là aussi la démolition de l'archevêché
ordonnée par le ministère, la profanation du temple de
Sainte-Geneviève enlevé à la religion et rendu au
culte des idées révolutionnaires ; de là les lenteurs
apportées à la restauration de Saint-Germain-l'Auxerrois, et l'épreuve imposée à un quartier populeux
dont les habitants erraient d'église en église comme
des brebis sans pasteur ; de là enfin la tolérance
accordée aux folies des saints-simoniens et au culte
sacrilége inventé par Chatel. L'archevêque comptait
pour rien les injustices et les dommages dont il
avait personnellement à souffrir ; mais toute sa
douleur se concentrait sur les maux de la religion ;
il redoublait alors de prières et cherchait les re-

mèdes les plus propres à la défendre et à la consoler.

Cependant une indignation universelle accueillit le récit des dévastations ; l'opinion publique accusa de complicité la faiblesse du pouvoir ; et de toute part on vit surgir les premiers symptômes d'une réaction en faveur de la justice et de la vérité. Quant au saint prélat, il bénissait ceux qui le maudissaient et il répondait aux coups de ses ennemis par la douceur, la patience et le pardon ! Une personne dévouée vint lui apprendre le désastre de Conflans : elle lui remit un morceau de la vraie croix, échappé aux regards des brigands, en lui disant : « Monseigneur, voilà tout ce qui vous reste. » Ausssitôt il se jeta à genoux, vénéra la sainte relique et s'écria : « O mon Dieu ! je vous remercie de m'avoir laissé le bien le plus précieux. » Ainsi se trouvaient encore une fois déjoués les projets des impies et les espérances des méchants. Ils avaient voulu détruire la foi dans les cœurs, emprisonner les prêtres et les massacrer. Ils recueillaient pour prix de leurs infâmes exploits les remords cuisants et la réprobation du pays, en attendant les justes châtiments de leurs crimes. Après tant d'épreuves, la religion apparaissait à tous les regards, le front orné d'une nouvelle auréole de gloire et de charité !

Le temps approchait où cette vertu allait briller d'un nouvel éclat : car le choléra s'avançait vers la France à pas de géant ! Les fidèles avaient offert leurs souscriptions pour réparer les ruines de l'archevêché. Monseigneur les avait refusées, et avait recommandé de réserver toutes les ressources disponibles pour soulager les victimes du fléau dont il redoutait l'invasion. Ses prévisions ne furent pas trompées. Le choléra pénétra dans Paris en 1832 et multiplia dans une effrayante proportion les malades, les mourants, les morts et les orphelins. Tous les âges, tous les sexes, toutes les conditions furent condamnés à lui payer leur tribut ; la ville entière fut plongée dans la désolation ; mais là où abondait l'épreuve, le dévouement de l'archevêque surabonda ; et on vit bien alors que si le malheur aigrit les âmes vulgaires, il élève et grandit les cœurs d'élite habitués à chercher dans la loi divine là règle de toute leur conduite. Quand le moment fut venu, Mgr de Quélen sortit de sa retraite, exerçant au grand jour ses admirables vertus ; il lui suffit alors de se montrer pour confondre ses ennemis et répandre partout l'édification.

En février 1832, comme pour célébrer l'anniversaire du sac de son palais, il vient s'établir à l'Hôtel-Dieu, afin de soigner les malades et d'administrer les mourants. On le voit avec attendrissement porter dans ses bras des pauvres, atteints du fléau ; il s'approche de chaque lit avec des consolations et des encouragements ; on l'accueille avec les larmes de la reconnaissance : suivant le vœu de son cœur, *on se lasse de maudire avant qu'il ne cesse d'aimer* ; et, à ce spectacle, on se rappelle involontairement Belzunce à Marseille et saint Charles Borromée à Milan. Cependant un malade semble repousser son ministère. A la vue du bon pasteur, il recueille ses forces défaillantes, lui lance un regard où se peignent à la fois le remords, le désespoir et la honte : « Retirez-vous de moi, dit-il, je suis un des pillards de l'archevêché ! » Et l'archevêque, avec cet accent de bonté qui convertit, lui répond : « Mon frère, c'est une raison de plus de me réconcilier avec vous et de vous réconcilier avec Dieu. » Bientôt on se raconte cette scène touchante, le récit court de lit en lit, de salle en salle; il achève de dissiper les préjugés des malades ; il fait tomber les dernières barrières, et ouvre tous les cœurs à la confiance. La miséricorde avait comblé l'abîme creusé entre le juste et le pécheur ; on eut dit un père au milieu de ses enfants ! Après avoir converti les mourants, il leur parlait de leurs affaires, de leurs préoccupations pour ceux qu'ils laissaient derrière eux, prévenait leurs désirs et promettait d'accomplir leurs suprêmes intentions. Bien des pères et des mères lui avaient recommandé en pleurant leurs enfants en bas âge. Pénétré d'une vive compassion, il avait calmé leurs angoisses, leur avait procuré une mort paisible et leur avait promis de ne pas abandonner ces petits orphelins. Telle fut l'origine de la fondation de l'œuvre des *Orphelins du choléra*. Déjà la charité de l'archevêque s'était manifestée avec cette générosité qui était le cachet de toutes ses actions. Abstraction faite des aumônes personnelles distribuées par ses mains et connues de Dieu seul, il avait donné mille francs pour habiller les malades revenus à la santé, parce que dans les premiers jours de trouble et de complète incertitude, on croyait utile de brûler les vêtements des cholériques, dès leur entrée à l'hôpital ; il avait versé dix mille francs dans la caisse générale des secours destinés aux victimes du fléau, et il avait converti sa propriété de Conflans en une maison ouverte aux convalescents. Mais son zèle n'était pas encore satisfait ; il voulait adopter les pauvres orphelins, et, comme il ne pouvait supporter seul la nouvelle charge qu'il allait s'imposer, il résolut de faire lui-même un appel public

à la charité des fidèles. Il n'avait encore paru dans
aucune solennité religieuse, depuis que la violence et
la persécution avaient de nouveau menacé ses jours.
Il convoqua ses diocésains dans l'église Saint-Roch, le
28 décembre 1832, fête des SS. Innocents. Une foule
empressée répondit à son appel, et occupa longtemps à
l'avance toutes les parties du temple. Son apparition
dans la chaire sacrée, après tant de périls, était déjà de
nature à provoquer une vive émotion. Mais quand on
eût recueilli les accents de son ardente charité, et en-
tendu la prière si éloquente faite à chaque auditeur
au nom des orphelins, l'attendrissement fut à son
comble : l'assemblée présenta alors un aspect impos-
sible à décrire! Les cœurs profondément touchés s'en-
gagent à de sérieux sacrifices. Les mains, tendues vers
le pasteur, voudraient lui donner toutes à la fois,
pour lui témoigner plus vite leur sympathique admiration : on vide ses bourses, on se dépouille de ses
bijoux ; les femmes de la Halle apportent leur offrande,
et demandent la bénédiction épiscopale comme une
protection pour leur famille ; le pauvre lui-même
offre l'obole destinée à payer son repas du soir ; et la
quête de cette première journée s'élève à la somme de
33,000 francs! Elle atteignit presque le même chiffre,
l'année suivante, à la suite du sermon prêché à Notre-
Dame par l'archevêque.

Cette œuvre admirable fut commencée et put s'accomplir sans recourir aux largesses de l'Etat ; elle fut
administrée par un conseil dont le zèle sut bien secon-
der les vues du fondateur. Pour tout dire en un mot,
plus de mille orphelins durent à Mgr de Quélen le
pain, le vêtement, l'abri, la préservation de la mi-

sère, l'habitude du travail, la possession d'un état et tous les bienfaits d'une éducation chrétienne ! Rien d'aussi merveilleux ne s'était encore vu depuis les merveilles opérées par saint Vincent de Paul !

Les grands souvenirs du choléra facilitèrent à l'archevêque de Paris l'exercice de son auguste ministère. Les ennemis de la religion manifestèrent encore leur mauvais vouloir en plusieurs circonstances; c'est ainsi qu'ils parvinrent à circonvenir le fabricant de la châsse de saint Vincent, et le déterminèrent à intenter un procès au prélat, obligé de différer le paiement des sommes que le pillage de l'archevêché lui avait dérobées. Mais le dévouement héroïque du pasteur, désormais présent à tous les esprits, était devenu un obstacle insurmontable à l'exécution de leurs projets. A partir de cette époque, Mgr de Quélen put de nouveau présider les assemblées des fidèles, officier pontificalement, distribuer le pain de la parole sainte, visiter les paroisses de son diocèse et administrer le sacrement de confirmation.

Dans ses tournées pastorales, sa vigilante bonté ne laissait échapper aucune occasion de faire aimer la piété.

A Sainte-Marguerite, un pauvre ouvrier touchait à sa dernière heure. Après avoir abjuré de trop longs égarements, il avait fait à son lit de mort sa première communion et avait reçu l'onction des mourants. Monseigneur, arrivé dans la paroisse pour confirmer les enfants, apprend le retour du prodigue et veut aller lui porter les consolations de la foi. Il parcourt à pied ce quartier populeux, gravit l'étroit escalier qui conduit à la chambre du malade, l'exhorte, le confirme, lui

laissé la paix du Saint-Esprit, et donne une généreuse
aumône à la famille émue de reconnaissance.

A l'église de Vincennes, il sut avec un heureux
à-propos louer un vaillant guerrier. Le lieutenant-
général Daumesnil venait de mourir, laissant avec une
réputation de loyauté chevaleresque un nom illustré
par ses exploits. Il avait défendu le château avec un
indomptable courage, dans deux circonstances mémorables : en 1816 contre les étrangers ; en 1830 contre
la populace ameutée à l'occasion du procès des ministres du roi Charles X. Les habitants de cette ville
honoraient à juste titre sa mémoire. L'archevêque
voulut s'associer à leurs regrets ; dans une chaleureuse
allocution il demanda des prières pour le repos éternel
du brave général. Sa veuve assistait à la cérémonie ;
elle entendit le discours, en fut consolée, et vint offrir
au prélat ses respectueux remerciements. Toute la paroisse applaudit à un hommage parti de si haut, et
adressé à une telle vie !

Ses rapports avec le clergé étaient bienveillants et
affectueux. Il présidait chaque année les exercices de la
retraite ecclésiastique, en faisait tous les frais, et offrait
aux retraitants une hospitalité devenue surtout oné-
reuse après toutes les brèches faites à ses revenus par
la révolution de 1830. Il favorisait les vocations de ses
prêtres pour les ordres religieux : « Si elles sont sérieuses, se disait-il, je me ferais scrupule d'y mettre
obstacle ; dans le cas contraire, les supérieurs ne man-
queront pas de me renvoyer les sujets trop vite en-
traînés par une généreuse illusion. »

Sans cesse préoccupé de combattre l'ignorance, triste
héritage des temps de troubles qu'on venait de tra-

verser, il exhortait ses coopérateurs à répandre l'instruction chrétienne, à multiplier les sermons courts, simples et pratiques; il parlait lui-même le plus souvent possible, attirait un nombreux auditoire toujours avide de l'entendre, et il eut la gloire de fonder, dans son église métropolitaine, ces mémorables conférences adressées aux hommes, et devenues de nos jours l'une des plus belles institutions du diocèse de Paris. Son but était d'offrir, chaque dimanche de carême, une instruction forte et attrayante aux hommes de tous les âges : il les destinait spécialement à ces nombreux jeunes gens envoyés de toutes les parties de la France à Paris pour y suivre des cours, y prendre des grades, et si exposés à y perdre les croyances qui avaient fait la joie de leurs premières anées. Ce grave péril alarmait depuis longtemps sa sollicitude; il s'efforça de le conjurer. Son mandement, pour le carême de 1834, annonça l'institution et en développa le plan. Le 16 février de cette année, il ouvrit lui-même les exercices de la première station; dès ce jour la composition de l'assemblée permit de pressentir les destinées réservées à cette fondation. Nous ne résistons pas au désir de rapporter ici la péroraison de son discours :

« [1] O Dieu de miséricorde, s'écriait-il, soyez béni de ce que vous avez enfin donné aux jours de mon épiscopat ces moments tant désirés! Vous savez, Seigneur, combien de fois, dans le secret de votre présence, j'ai sollicité de votre miséricorde ces instants de salut pour cette portion de mon troupeau, et vous savez aussi si les sacrifices m'eussent fait hésiter pour hâter l'objet de ma demande, pour que tout ce peuple connût et adorât

---

[1] *Vie de Mgr de Quélen*, par M. d'Exauvillez, t. 2.

votre Fils Jésus-Christ. Je n'ai pas oublié, ô mon Dieu, ce jour solennel où, pour la première fois, je remplissais dans cette basilique les augustes fonctions de mon ministère, non plus que ces paroles que votre Eglise me répétait de votre part : [1] *Ostendam illi quanta oporteat eum pro nomine meo pati.* Je ne reculerai point devant cette vocation. Mais, ô mon Dieu, je ne compte pour rien les tourmentes dernières, j'en solliciterai même de plus fortes, pourvu que tout mon troupeau connaisse, aime et adore Notre Seigneur Jésus-Christ. Bénissez à ce dessein cette portion intéressante de votre héritage, qui se presse en si grand nombre autour de cette chaire de vérité; bénissez cette capitale immense dont je suis le pasteur, bénissez ceux qui vous y connaisssent, et surtout que vos bénédictions atteignent, ceux qui outragent votre Christ! Bénissez la France, bénissez votre Eglise, afin que tous nous allions rapporter au pied de votre trône les effets de ces bénédictions que je sollicite en ce moment de votre miséricorde infinie ! »

Les conférences de ce premier carême furent prêchées par plusieurs orateurs distingués, parmi lesquels nous remarquons M. l'abbé Dupanloup, devenu sur le siége d'Orléans l'un des plus grands évêques de notre époque. Dans les années suivantes, Mgr de Quélen chargea successivement de ce haut enseignement le R. P. Lacordaire et le R. P. de Ravignan ; orateurs illustres, apôtres à jamais bénis, ils multiplièrent les retours à Dieu, firent les plus précieuses conquêtes à la vérité, et imprimèrent à l'institution naissante une puissance et un éclat incomparables.

---

[1] Je lui montrerai combien il doit souffrir pour mon nom.

Pendant que l'archevêque pourvoyait aux besoins généraux du diocèse, il ne négligeait pas les œuvres individuelles : sa sollicitude, toujours éveillée sur le sort des pécheurs exposés à mourir dans l'impénitence finale, obtenait leur conversion. On pourrait invoquer bien des témoignages à l'appui de cette assertion ; on se bornera à citer quelques faits.

Il y eut une âme dont il poursuivit le salut, pendant vingt années, par ses démarches, ses prières, par l'offrande de ses souffrances, par un pèlerinage et un vœu faits à Notre-Dame de la Délivrande en Normandie : ce fut celle du prince de Talleyrand, si vivement recom-mandée à son zèle par son vénérable prédécesseur. « Prenez ma vie, ô mon Dieu, disait Mgr de Quélen ; mais accordez-moi son âme ! » Sa persévérance triompha de tous les obstacles accumulés autour de ce cé-lèbre personnage pour l'empêcher de revenir à Dieu. M. de Talleyrand, dont la santé ne permettait plus aucun espoir de guérison, possédait encore la plénitude de ses facultés morales ; il fit enfin connaître qu'il voulait mourir chrétiennement ! Le 17 mai 1838, en présence de M. l'abbé Dupanloup, dont nous avons déjà cité la précieuse coopération, le prince signa une rétractation adressée au souverain Pontife, et une lettre d'envoi à l'archevêque de Paris. Il reçut ensuite avec foi les derniers sacrements, et retrouva la paix promise à un sincère repentir. — Dans l'élan de sa reconnaissance Mgr de Quélen renouvela le pèlerinage de la Déli-vrande ; il se hâta d'y accomplir son vœu. Il offrit à la communauté une statue en bronze de la sainte Vierge, et la fit placer sur une colonne élevée dans l'intérieur du cloître, avec une inscription dans laquelle on lit ce passage touchant de l'Evangile : *Congratulamini mihi; inveni ovem meam quæ perierat.* Félicitez-moi; j'ai retrouvé ma brebis qui avait péri.

Le prélat obtint ce grand triomphe de la grâce par ses mérites et ses bonnes œuvres; d'autres furent plus spécialement accordés à ses conversations et à ses visites. Un ancien capitaine des dragons de la Reine, âgé de 77 ans, était atteint d'une maladie incurable. Depuis bien longtemps il avait négligé ses devoirs envers Dieu; il n'entendait plus la voix du remords, les secrets avertissements de la conscience étaient perdus pour lui; toutes les instances le trouvaient insensible, et on perdait l'espoir de le ramener à de meilleures dispositions, lorsque son fils eut l'idée de s'adresser, sans le connaître, à l'archevêque. Il vient de la rue Bellefonds à la rue Saint-Jacques, situées pour ainsi dire à deux extrémités opposées de Paris, pénètre dans le couvent Saint-Michel, aborde le prélat, lui expose le triste état de son père, et réclame de sa charité une visite, en s'excusant de solliciter une si longue course. « Ne regrettez pas la distance, reprend Monseigneur; je ferais cent lieues pour sauver une âme. » Il part en toute hâte, arrive au chevet du mourant, l'exhorte, le touche, le confesse et l'administre. — La bonne nouvelle de sa présence s'était répandue rapidement dans le voisinage; et quand il sortit de cette maison, il trouva le peuple agenouillé pour recevoir sa bénédiction.

Quatre ans plus tard, l'endurcissement d'une dame très-âgée vint prouver une fois de plus que l'esprit est une barrière insuffisante contre le danger des mauvaises compagnies : cette femme, distinguée par sa naissance, était parvenue à sa 85ᵉ année, et avait conservé les préjugés puisés dans ses relations avec les célébrités sceptiques du dernier siècle. Les tendres avertissements de sa fille n'obtenaient rien ; son âme était endurcie ! Elle serait morte dans le péché, si le Seigneur n'avait envoyé près d'elle le fils du capitaine de dragons. Le spectacle de cette maison désolée lui rappelle la maladie de son père, les inquiétudes dont elle fut la source, et ces tristes souvenirs le ramènent à la pensée du pasteur qui avait été l'instrument de la divine miséricorde. Il propose une conversation avec Mgr de Quélen ; ce nom vénéré fait tomber une résistance jusqu'alors invincible. Il court à la rue Saint-Jacques ; mais hélas ! il ne trouve pas le prélat, parti depuis plusieurs jours pour Orléans. Sans se laisser décourager par ce premier échec, il s'empresse de lui écrire : « Monseigneur, vous êtes à trente lieues de Paris. Vous m'avez dit que pour sauver une âme vous en feriez cent. Revenez donc sur le champ : vous êtes attendu rue de Tournon. » L'archevêque reçoit cette lettre au moment où il va monter en voiture pour prendre une direction opposée à celle de la capitale. Aussitôt il donne de nouveaux ordres, change son itinéraire, voyage toute la nuit, et se présente, dès quatre heures du matin, à l'adresse indiquée. Cette apparition matinale, cet admirable dévouement manifesté à une inconnue, excitent la reconnaissance de la malade et ajoutent à sa vénération pour l'apôtre. La discussion projetée fut déclarée inutile ; et cet esprit, jusqu'alors si rebelle à l'appel de la grâce, fut vaincu par l'ascendant du zèle et de la vertu. Pendant plusieurs mois et jusqu'à son dernier soupir, la dame convertie ne cessa pas d'édifier sa famille par sa patience et sa résignation.

La duchesse d'Abrantès dut aussi à Mgr de Quélen le bienfait d'une mort chrétienne. Eclairée par le prélat, elle déplora la publicité donnée à une grande partie de ses mémoires, se reprocha bien amèrement ses anecdotes scandaleuses, ses appréciations malveillantes, et chargea des amis de porter des excuses et des regrets à plusieurs personnes qui avaient à se plaindre de ses ouvrages.

Quant à l'attitude de l'archevêque vis-à-vis du gouvernement issu de la révolution de juillet, il s'efforçait de la rendre conforme aux règles tracées par l'apôtre saint Paul : il apportait dans ses relations avec le pouvoir un mélange de réserve, de déférence et de fermeté. Etranger aux luttes des partis et aux intrigues de la politique, il acquiesçait avec empressement aux demandes légitimes, défendait avec persévérance les droits de l'Eglise, protestait contre les empiètements du pouvoir, et répondait aux injures personnelles en répandant de nouveaux bienfaits.

A la suite de l'attentat Fieschi, dirigé contre la vie du roi, Mgr de Quélen voulut élever la voix et exprima en termes énergiques toute son indignation ; il demanda des prières pour les victimes, et présida le service funèbre célébré aux Invalides pour le repos de leur âme. Louis-Philippe vint à Notre-Dame, et s'empressa de rendre grâces au Seigneur qui l'avait préservé ; le prélat, dans son allocution, félicita le roi de témoigner une reconnaissance qui multiplie les dons de Dieu ; plus tard il se rendit à la chapelle des Tuileries pour ondoyer le comte de Paris, et reçut encore le monarque aux portes de la métropole, quand ce prince vint remercier le Seigneur de la naissance de son petit-fils.

Cette sagesse consommée dans la direction de son diocèse, cette fermeté impartiale qui grandissait encore son autorité, l'avaient élevé bien haut dans l'estime et le respect des évêques de France. Son exemple fut pour le monde catholique un précieux enseignement. L'adhésion chaleureuse de ses vénérables collègues venait souvent le consoler dans ses jours d'épreuves; mais nul suffrage ne dut lui paraître plus doux que celui de l'archevêque de Bordeaux, prélat illustré dans les deux mondes par son évangélique charité. Au moment de recevoir la dignité de cardinal, Mgr de Cheverus s'en déclarait indigne, et il ajoutait que la pourpre romaine devait être donnée à Mgr de Quélen. Il y eut à ce sujet, entre les deux apôtres, une correspondance pleine de respect et d'humilité. Ces témoignages réciproques de leur mutuelle admiration rappellent la visite de saint Antoine à saint Paul, leurs entretiens tout embrasés de l'amour de Dieu, leur frugal repas dans le désert, et l'hommage que chacun d'eux voulait rendre à l'autre en lui renvoyant l'honneur de rompre le premier le pain miraculeusement apporté par le corbeau.

CHAPITRE IV

La santé de l'archevêque, affaiblie par tant de fatigues
et de sollicitudes, commençait à préoccuper ses amis,
sans interrompre le cours de ses travaux. Il les continua
tant que ses forces ne trahirent pas son courage ; mais
au mois de mai 1839, de violentes souffrances l'obligèrent à discontinuer sa tournée de confirmation : c'était
le prélude d'une longue maladie dont les diverses pé-
riodes devaient faire briller d'un nouvel éclat sa patience
et sa sérénité. Il comprit toute la portée de ce premier
avertissement, et se regarda dès lors comme mortelle-
ment atteint. Il fit son testament, y renouvela, du fond
de son cœur, le pardon qu'il avait si souvent assuré à
ses ennemis, et le demanda lui-même à ceux qu'il
aurait pu offenser sans le savoir. Il s'occupa ensuite de
pourvoir aux besoins spirituels de ses diocésains, envoya

ses grands vicaires dans les hôpitaux, après les émeutes
de 1839, pour administrer, en son nom, les blessés et
les mourants, et pria l'un de ses suffragants de faire, à
sa place, l'ordination de la Trinité. Parmi tous les
témoignages d'attachement prodigués à l'illustre malade, celui du souverain Pontife fut le plus remarquable.
Un bref du Pape vint exprimer à l'archevêque le vif et
très-affectueux désir de son rétablissement. Bien des
vœux demandaient la prolongation de sa vie; il était
mûr pour le ciel; les prières, au lieu de retarder son
bonheur, lui obtinrent de nouvelles grâces et lui valurent de nouveaux mérites. Dieu ne nous accorde pas
toujours ce que nous lui demandons, parce que sa miséricorde place bien au-dessus des consolations de la
terre les dons qui conduisent aux joies de l'éternité.
Mais nos supplications ne sont jamais stériles; si le Seigneur leur refuse les satisfactions passagères du temps,
c'est pour rendre plus certaine notre vocation au bonheur du ciel.

Cependant un mieux sensible survint dans l'état de
l'archevêque; il en profita pour aller visiter le célèbre
chirurgien Larrey, dont la santé l'inquiétait, et il
reprit le cours de ses bonnes œuvres. C'étaient des
jours de faveur accordés au diocèse de Paris; ce n'é-
tait pas la guérison. A l'époque de la retraite ecclésiastique, Mgr de Quélen était encore si faible et si
souffrant qu'il avait besoin pour marcher de recourir
à l'appui d'un bras. Il fut obligé de se retirer avant
la clôture des exercices; ce fut pour le pasteur et
pour son clergé le commencement d'une douloureuse
séparation! L'état de sa santé inspirait de sérieuses
inquiétudes; une seconde crise vint encore l'aggraver.

Dès qu'il put être transporté, l'archevêque fut ramené de Conflans à la maison du Sacré-Cœur, habituée à partager avec le couvent de Saint-Michel le privilége de lui donner l'hospitalité.

De son lit de douleur, il voulut recommander à ses diocésains les orphelins du choléra, ses enfants d'a-doption, et il prit plusieurs décisions propres à faire fleurir la piété dans les âmes. Mais bientôt la conso-lation de dire la messe et même de communier lui fut enlevée : sa dévotion pour la sainte Eucharistie en souffrait visiblement. Il profitait de la plus légère amélioration pour demander à cet égard des permissions à son médecin : et quand il ne pouvait rien obtenir, il usait d'artifice, afin de rester à jeun pendant la nuit et de recevoir le lendemain Notre-Seigneur dans le sacrement de son amour. Il faisait semblant de dormir quand la sœur chargée de le veiller lui appor-tait des potions, et lorsqu'il avait accompli le désir de sa piété, il avouait en souriant la petite manœuvre dont il s'était servi. Après la communion, il faisait quelquefois tout haut son action de grâces pour l'édi-fication de ceux qui l'entouraient. Il priait alors pour le clergé, pour les malades, pour les affligés : sa sollicitude n'oubliait personne.

Au milieu de ses souffrances les plus aiguës on l'entendait répéter souvent : « O mon Dieu, tout ce que vous voudrez, comme vous voudrez et autant que vous voudrez.... Notre-Dame de Bon-Secours, soyez-moi de bon secours ! »

Il célébra sa dernière messe le 8 décembre, et se servit, en ce jour de fête, de l'ornement de son sacre. Il pressentait la fin prochaine de son pèlerinage, et il dit avec calme après la messe : « Cet ornement ne me servira plus qu'après ma mort. » Cette perspective n'avait rien d'amer pour une âme si bien établie dans la paix du Seigneur ! Quelques jours s'étaient à peine écoulés qu'il dictait lui-même une circulaire pour réclamer les prières du clergé et des fidèles. Il ne demandait pas le rétablissement de sa santé ; mais il suppliait qu'on lui obtînt *l'entière soumission à la volonté de Dieu, et les grâces nécessaires pour soutenir le dernier combat*. Paris sut bientôt le malheur dont il était menacé. La tristesse et l'inquiétude se peignirent alors sur les visages, comme il arrive aux approches des calamités publiques.

Le 28 décembre, l'archevêque fut administré en présence de son chapitre : il répondit à toutes les prières avec une remarquable présence d'esprit. Après son action de grâces, il voulut adresser au chapitre ces touchants adieux :

« L'obéissance et la volonté de Dieu, qui m'est manifestée par l'organe des médecins, me ferment la bouche en ce moment ; mais moins je puis prononcer de paroles, plus mon cœur se dilate. Je voudrais que vous pussiez tous y lire les sentiments de tendresse, de reconnaissance, de vénération dont j'ai toujours fait profession pour mon chapitre et que je lui renouvelle en ce moment. J'ai parcouru une mer orageuse : si je puis, comme je l'espère, par la grâce de Notre-Seigneur et sous les auspices de l'*Etoile de la mer*, arriver au port, je serai toujours sur le rivage de l'éternité, où vous viendrez tous aborder, pour vous attendre, vous recevoir et vous donner le baiser de paix fraternel et éternel. C'est là qu'il sera heureux de dire : [1] *Ecce quàm bonum et quàm jucundum habitare fratres in unum.* »

Monseigneur bénit ensuite toutes les personnes présentes, et dans leur personne il voulut bénir les paroisses et les communautés du diocèse.

Recueillons avec respect les paroles et les actes des dernières heures : nous y trouverons le reflet d'une sainte vie ; nous y puiserons la volonté de mieux faire, et le désir de nous consacrer plus généreusement au service de Dieu.

La nuit du 29 au 30 décembre amena de continuels étouffements : le malade ne pouvait plus supporter le lit ; on le porta sur le fauteuil où il devait mourir ! Il y communia, fit à son entourage ses remerciements et ses adieux, demanda pour ses funérailles la plus grande simplicité, et bénit sa famille en pleurs. Au milieu des douleurs les plus aiguës, il remerciait Dieu de ne pas lui épargner les souffrances ! Lorsqu'il lui survenait quelque soulagement, il en profitait pour s'occuper des affaires de son diocèse ; c'est ainsi qu'il signa, d'une main encore ferme, et avec une satisfaction marquée, la nomination de M. l'abbé Eglée à un canonicat devenu vacant. Il s'entretint dans la journée avec plusieurs curés de Paris, reçut la visite de l'internonce, exprima sa gratitude pour une médaille envoyée par le Saint-Père, témoigna son affectueuse émotion à René, fidèle serviteur qui ne l'avait pas quitté depuis vingt-sept ans, et dit au docteur Caillard qui fondait en larmes : « Ne vous désolez pas, mon ami, nous nous reverrons. »

[1] Qu'il est bon, qu'il est doux pour des frères de vivre ensemble dans l'union !

Il fit plusieurs recommandations à une fille de la Charité, spécialement dévouée aux orphelins du choléra, et il ajouta : « Ma sœur, je vous ai donné beaucoup de peine ; mais si j'ai le bonheur de voir saint Vincent de Paul, vous êtes la première personne dont je lui parlerai. » Tous les moments libres étaient consacrés à la prière et à la méditation. On arrivait ainsi à la nuit qui fut la dernière.

Le 31 décembre 1839, à trois heures du matin, le danger devint plus imminent. M. l'abbé Surat, secrétaire intime et filialement dévoué, apporta la sainte Eucharistie à Mgr de Quélen : l'indulgence *in articulo mortis* fut appliquée au mourant ; on récita les prières des agonisants : il y répondit avec une parfaite lucidité. Son aimable charité se manifesta jusque dans ses derniers moments. M. l'abbé Jammes était à genoux près de son fauteuil ; Mgr de Quélen lui ordonna doucement de s'asseoir, et trouva de grâcieuses paroles pour sa belle-sœur, la pieuse vicomtesse de Quélen. Ne voulant paraître insensible à aucune marque d'intérêt, il chargea M. l'abbé Quentin, l'un de ses grands vicaires, d'aller remercier le roi qui avait envoyé chercher de ses nouvelles ; il lui demanda aussi d'être son interprète près des académiciens qui étaient venus le voir pendant sa maladie. Il avait l'habitude de terminer l'année par une bonne œuvre spéciale et de la faire le dernier jour de décembre. Fidèle à cette généreuse pensée, il dit au vicomte de Quélen d'ouvrir le secrétaire, et d'y prendre une somme de deux cent cinquante francs, préparée pour une personne pauvre, connue du marquis du Bouchet, son neveu. Ses dernières paroles témoignèrent encore de son ardente charité :

« Je vais paraître devant mon Juge que j'ai toujours
aimé ; et je suis heureux d'être jugé par Celui que j'ai
le plus aimé !» Puis, s'adressant à son frère : « Al-
phonse, je désire que l'on sache que je n'en veux à
personne, et que je voudrais pouvoir faire du bien à
ceux qui m'ont fait le plus de mal. »

Il donna, d'une main défaillante, sa bénédiction au
clergé, au diocèse, à la France, et se recueillit dans la
prière pour ne plus s'entretenir qu'avec Dieu. Il rendit
le dernier soupir à neuf heures du matin, en pronon-
çant les noms de Jésus, Marie, Joseph !

L'histoire de ces dernières journées, publiée par les
journaux, édifièrent tous les fidèles et furent un adou-
cissement à leur douleur ; on apprit que ce touchant
récit avait converti un vieillard endurci dans la voie
de l'impiété ; on put bientôt constater un résultat plus
général et plus surprenant.

La mort a coutume de diminuer les préventions et de
disposer à l'impartialité. Son solennel avertissement
éveille le remords. Quand elle frappe, on fait un retour
sur soi-même, on aperçoit en quelque sorte le glaive
suspendu sur sa tête ; et, sous l'impression de cette
inévitable menace, la haine se tait ; la voix de la justice
commence à se faire entendre. Toutefois on vit rare-
ment dans le public une réparation aussi prompte et un
apaisement aussi complet des mauvaises passions. Partout on entendit un concert de louanges, d'admiration,
de regrets ; et les journaux, naguère indifférents ou hos-
tiles, voulurent eux-mêmes offrir à cette mémoire vé-
nérée l'hommage de tout leur respect.

Le 3 janvier 1840, le corps de l'archevêque, fut
transporté du Sacré-Cœur à Notre-Dame : toutes les

paroisses furent successivement admises à contempler une dernière fois ces traits majestueux qui avaient conservé leur sérénité ; et la foule mit un grand empressement à venir apporter des prières avec des larmes.

Les obsèques réunirent l'élite de la société parisienne à sa double famille, ses prêtres et ses parents. Les évêques de Chartres, de Versailles, d'Orléans et de Meaux officièrent dans ces cérémonies funèbres où toutes les classes de la population avaient leurs représentants : on y voyait des généraux, des magistrats, des pairs, des députés, des académiciens, des gardes nationaux, des riches et des pauvres. Les physionomies annonçaient une profonde douleur ! Chacun déplorait le vide immense qui venait de se faire en ce monde ; chacun comprenait qu'il venait de perdre un consolateur, un guide, un ami, un bienfaiteur, un père !

Le 25 février suivant, le R. P. de Ravignan monta dans la chaire de Notre-Dame, et prononça l'oraison funèbre. Il avait adopté pour texte ce passage de l'Ecriture : *O mors, bonum est judicium tuum.* O mort, ton jugement est bon. L'à-propos de ce choix parut ajouter encore à la puissance de sa parole. Pour louer le grand archevêque, il se contenta d'exposer son histoire ; et il se rendit l'interprète de l'opinion publique, en montrant que la mort avait appelé sur cette belle vie les hommages de la justice, de la reconnaissance et de la vénération.

CHAPITRE V

Nous venons de présenter un rapide abrégé de l'histoire de Mgr de Quélen. Avant de détourner nos regards de cet édifiant spectacle, étudions quelques traits de son caractère, contemplons quelques-unes des vertus dont sa vie offre le modèle.

Sa physionomie révélait tout d'abord la beauté de son âme. Il avait un visage ovale et régulier, un front élevé, un regard très-doux, un son de voix harmonieux, une démarche majestueuse, des manières simples et distinguées. Il réunissait à un esprit sage, pénétrant et élevé, un jugement droit, une mémoire sûre, et une volonté pleine d'énergie pour l'accomplissement du devoir. Son cœur recélait une source intarissable de pitié pour le malheur. Son âme avait une égalité qui défiait tous les orages. Fortifiée par l'exercice de la mortification, de la patience, de l'humilité, et toujours unie à Dieu, elle possédait une paix à l'épreuve des outrages, des calomnies, des persécutions et des coups les plus imprévus.

Sa confiance dans le Seigneur, fondée sur une foi vive, avait le privilége de se communiquer au prochain. Bien des personnes troublées, désolées, après avoir cherché inutilement ailleurs un remède à leur douleur, retrouvaient dans ses exhortations la consolation et le calme dont elles n'espéraient plus le retour.

Le zèle pour la gloire de la religion embrasait son âme; et comme il parlait de l'abondance du cœur, ses discours avaient grâce pour toucher et convertir. Les prêtres et les fidèles étrangers au diocèse accouraient à ses sermons quand ils se trouvaient à Paris; ils se sentaient pénétrés par l'onction de sa parole, et félicitaient ses diocésains de pouvoir l'entendre souvent.

Sa dévotion envers la sainte Vierge était l'amour d'un fils tendre pour une mère bien-aimée. Il voulut en laisser à son chapitre un monument durable : il lui donna, à une fête de l'Assomption, un portrait qui représente l'archevêque les yeux fixés sur une statue de Marie.

'Il méditait souvent sur les souffrances des âmes du purgatoire. Il consacrait beaucoup de bonnes œuvres à leur soulagement; toutes les fois qu'il n'avait pas d'intention particulière, il disait la messe pour ses chers défunts. Les bienfaiteurs de ses séminaires et les âmes les plus abandonnées avaient une grande part à ses secours spirituels.

Il aimait la devise du bienheureux Pierre Fourrier : *Etre utile à tous, ne nuire à personne;* il semblait l'avoir adoptée pour règle de sa conduite. Il se plaisait aussi à pratiquer lui-même et à donner aux autres le conseil suivant de saint François de Sales.

« Il nous faut toujours avoir un cœur bon, doux et amoureux envers le prochain, et particulièrement quand il nous est à charge ou à dégoût; car alors nous n'avons rien en lui pour l'aimer, que le respect du Sauveur, qui rend l'amour sans doute plus excellent et plus digne, d'autant qu'il est plus pur et net de conditions caduques. »

On ne saurait dire toute la bonté de son cœur; elle se révélait par une politesse et une bienveillance pleines d'attrait. Affable envers tous, il réservait ses meilleures paroles, son plus aimable accueil aux petits, aux faibles, aux pauvres, aux malheureux. Quelquefois les importuns semblaient s'être donné rendez-vous chez lui pour éprouver sa patience. Jamais il ne s'en plaignait : dérangement, gêne, contrariétés, rien ne lui coûtait quand il s'agissait d'éviter au prochain un déplaisir ou un regret. Il y avait tant de charme dans sa conversation, qu'il lui suffisait de passer quelque temps avec un indifférent, ou même avec un ennemi, pour faire tomber les préventions et inspirer le dévouement.

Nul ne connaissait et ne pratiquait comme lui les devoirs et les recherches de l'amitié. Quand il recevait quelque témoignage d'attachement, il s'y montrait toujours très-sensible, et s'ingéniait pour exprimer sa gratitude sous les formes les plus gracieuses, par les attentions les plus délicates. Il ne reculait ni devant la fatigue ni devant les démarches les plus pénibles. Un ami malade et affligé se trouvait à quarante-cinq lieues de Paris. C'était à la veille du Ca-

rême, le prélat était accablé de travaux et de sollicitudes pastorales. A peine connut-il les mauvaises
nouvelles, qu'il résolut de partir afin d'aller porter
des consolations. Lorsqu'il vint aux Tuileries pour
prendre congé de Louis XVIII, le roi lui dit : « Allez ;
vous êtes digne d'avoir des amis. »

Leur mort lui causait une vive douleur. Il les pleurait
comme Notre-Seigneur pleura Lazare ; mais il était toujours soumis, quoique profondément affligé. Lorsqu'il
perdit M. l'abbé Desjardins, ce conseiller sûr, fidèle et
si dévoué, il écrivit une lettre pastorale qui exhalait
toute sa tristesse. « Le glaive de la douleur pénètre de
nouveau notre âme, disait Mgr de Quélen : un de ces
traits qui épuisent comme goutte à goutte le senti-
ment et la vie, selon l'expression de l'Ecriture, vient
de nous atteindre au cœur. »

Après la révolution de 1830, des pertes de fortune
très-considérables réduisirent à des proportions relati-
vement minimes le chiffre de ses revenus. L'état de sa
maison déjà fort simple fut complètement changé, et il
s'imposa de nombreuses privations pour conserver aux
pauvres d'abondantes aumônes. Il accepta comme des
dons de Dieu et supporta noblement les sacrifices de la
pauvreté. Il avait à peine le nécessaire ; cependant sa
soutane était convenable, sa nourriture suffisante : il
ne désirait rien de plus. Son appartement ressemblait à
la cellule d'un religieux. Au lieu de s'en plaindre il en
plaisantait quelquefois. Il disait un jour, en parlant de
son escalier, dans la maison de Saint-Michel : « C'est la
voie tortueuse et étroite, n'est-ce pas ? j'espère que ce
sera pour moi l'échelle de Jacob, et qu'elle me conduira
au ciel. »

Il éprouvait une joie réelle à louer le bien, une répugnance marquée à croire au mal. Il se constituait toujours l'avocat des absents et le défenseur de ses ennemis. Il ne permettait pas même qu'on désignât ses adversaires sous ce nom d'*ennemis*, « *parce que*, disait-il, *c'étaient ses frères en Jésus-Christ.* » Si on les attaquait en sa présence, il prenait la parole pour les justifier ou du moins pour diminuer leurs torts.

La charité dirigeait toute sa conduite ; elle inspirait ses pensées, animait ses actions, coulait de ses lèvres, et se répandait par ses mains. Il était la lumière de l'aveugle, le soutien du pauvre, le père de l'orphelin. Il n'attendait pas qu'on vînt implorer son assistance ; il secourait toutes les misères dont il découvrait l'existence, et cherchait souvent à cacher ses aumônes, afin d'échapper à la vaine gloire de la popularité, ou au chagrin de blesser la susceptibilité de ceux qu'il secourait.

Certaines œuvres reçurent, en une seule fois, de sa générosité 5,000 fr., 8,000 fr. et jusqu'à 10,000 fr. Il ne leur donnait jamais moins de 1,000 fr. Il est permis d'évaluer à plusieurs millions les sommes qu'il versa dans le sein des indigents; mais qui pourrait dire les résultats moraux et les conversions obtenus par son zèle?

Il aimait à développer les associations charitables, à les propager et à présider leurs réunions. — Comme il savait encourager les dames chargées de quêter pour les séminaires! — Chaque année il envoyait à l'œuvre des prisons une somme destinée à délivrer le vendredi-saint un prisonnier pour dettes. En 1831, au milieu de la nouvelle persécution qui menaçait ses jours, à la veille de perdre lui-même la liberté, le pieux prélat voulut la procurer à un détenu, en ce jour solennel, où Notre-Seigneur avait délivré le monde de l'esclavage du péché.

L'œuvre de la miséricorde se rappelle encore tout ce que les pauvres honteux durent à la sollicitude de Mgr de Quélen. Cette œuvre fournissait des ouvrages d'aiguille à des personnes autrefois dans l'aisance et qui auraient rougi de tendre la main. Le prélat concourut par ses largesses au soutien de cette généreuse entreprise. La vue affaiblie des ouvrières improvisées, leur inhabileté ordinaire nuisaient beaucoup à la perfection du travail ; elles imposaient une lourde charge à la caisse ; mais si le côté financier laissait à désirer, la charité applaudissait à des essais inspirés par le désir de déguiser l'aumône afin d'épargner une humiliation au malheur.

Sous son épiscopat, on vit naitre au quartier Latin, ces conférences de charité, commencées par des étudiants chrétiens, placées tout d'abord sous le patronage de saint Vincent de Paul, devenues en quelques années fécondes pour le bien, et répandues maintenant dans tout le monde catholique.

Son cœur lui suggérait les procédés les plus délicats pour soulager l'infortune. Un ancien officier tombé dans la détresse avait besoin d'un secours important pour conserver ses derniers meubles : le difficile c'était de le lui faire accepter. Informé de cette triste position, Monseigneur prend 500 fr. dans son secrétaire et les glisse dans la main du pauvre honteux, sous forme de prêt.

Il secourait tous les besoins, et surtout ceux de ses

ennemis. Après sa mort, un homme de lettres publia dans les journaux qu'après avoir donné à Mgr de Quélen de sérieux motifs de mécontentement il était tombé malade, et lui avait écrit pour échapper aux ravages de la misère; il ajoutait qu'il en avait reçu la plus généreuse assistance, et déclarait avoir besoin de rendre à sa mémoire ce témoignage de reconnaissance.

Quelquefois il employait des moyens charmants pour prévenir des refus. Un jour, un ecclésiastique pauvre était venu lui rendre ses hommages. Monseigneur savait la mère de ce visiteur malade et complètement à sa charge; il s'empresse de lui en demander des nouvelles : « Hélas, Monseigneur, répond le digne prêtre, il y a trois mois qu'elle n'est sortie de son lit ! — Vos modiques honoraires ne doivent pas vous suffire ? — Pardonnez-moi, Monseigneur, » reprend l'abbé; et aussitôt sa discrétion aborde un autre sujet d'entretien. Il ne tarde pas à vouloir se retirer; mais à peine a-t-il pris congé de Sa Grandeur, qu'elle le rappelle, lui offre un livre et lui dit : « Je veux vous faire ce cadeau ; prenez-le et priez pour moi ! » C'était une *Imitation de Jésus-Christ*, enrichie de deux billets de cinq cents francs.

Enfin la charité de Mgr de Quélen semblait inépuisable : elle ne savait pas résister à la tentation de faire une bonne œuvre ! Une des sœurs chargées de la distribution de ses aumônes avait reçu de lui des sommes considérables; il avait donné tout l'argent dont il pouvait disposer. La bonne sœur revient le lendemain ; la bourse, vidée la veille, ne s'était pas remplie, et cependant il s'agissait d'une misère exceptionnelle qui ne pouvait pas attendre. Alors le prélat

va chercher une de ses soutanes, la donne avec joie,
en ordonne la vente, et procure ainsi du pain et du
bois à la pauvre famille plongée dans la détresse.

Lorsque l'argent lui manquait, sa garde-robe était
sa ressource habituelle. Il y recourait même quand
ses fonds n'étaient pas tout à fait épuisés, et se dé-
pouillait de tout pour *ses chers pauvres*. René, son
excellent valet de chambre, s'en plaignait souvent. Un
jour il dit à son maître : « Monseigneur, je connais
un pauvre qui manque de tout; il n'a plus ni chemises
ni vêtements; de grâce, donnez-moi quelque chose
pour lui, les aumônes de Votre Grandeur ne sauraient
trouver un meilleur emploi. » Touché de ce récit,
l'archevêque fit une généreuse offrande; mais ce pauvre
si dénué, c'était lui-même, et l'argent devait servir à
acheter le linge dont il était complètement dépourvu !

De si beaux exemples nous montrent combien Dieu
est admirable dans ses élus. Nous ne devons pas nous
contenter d'une admiration stérile; il faut nous souvenir sans cesse que la meilleure manière de louer
les saints, c'est de marcher sur leurs traces et d'imiter
leurs vertus.

FIN

TABLE

LILLE. — TYP. L. LEFORT. 1860.